Solutions

aux problèmes courants

de publication

avec KDP

Patrick Degand

Table des matières

Introduction

Écrire un livre prend du temps et fait appel à des qualités diverses que l'auteur maîtrise.

Et puis vient le temps de la publication, synonyme de recherche d'un éditeur ou de la décision de recourir à l'auto-édition. C'est le moment où l'auteur réalise que l'auto-édition est un métier différent de celui d'auteur.

Si vous avez choisi de vous auto-éditer, il y a de fortes chances que la publication sur KDP / Amazon ait retenu votre attention, pour plusieurs raisons : professionnalisme d'Amazon pour distribuer les livres, qualité de l'impression, gratuité du système, internationalisation de la distribution …

Le seul problème est que l'utilisation de KDP bien qu'elle ne soit pas difficile en soi, nécessite de respecter de nombreuses règles qui parfois, apparaissent contraignantes pour l'auteur qui débute le processus d'auto-édition.

L'objet de ce livre est d'expliquer les problèmes courants auxquels l'auteur est confronté durant l'exercice de publication de son livre et de lui fournir pour chaque cas des explications et des solutions pour surmonter ces obstacles.

Je suis moi-même auteur auto-édité. J'ai débuté en 2018 et j'ai du faire face à ces difficultés multiples qui jalonnent le parcours de l'auto-édition. Je suis donc passé par ce stade d'apprentissage. Avec ce livre, mon but est d'inventorier les problèmes qui surviennent durant la publication, de les expliquer et de fournir les solutions pour que le processus de publication reste une étape qui ne dégoutte pas l'auteur d'auto-publier son livre.

Ainsi, j'espère pouvoir aider de nombreux auteurs à trouver de la satisfaction dans la publication de leurs livres et eux aussi rencontrer le succès que leurs livres méritent.

Bonne lecture à tous.

Problèmes liés au titre et au nom de l'auteur

Nom de l'auteur

Pour KDP, le nom de l'auteur doit être un prénom et un nom. KDP rejette tous les noms qui ne se conforment pas à cette règle : si vous indiquez Natura Éditions, ce sera refusé, car c'est une marque et ne ressemble pas à un nom de personne.

Faites bien attention au moment de publier votre livre car toute erreur dans le nom de l'auteur ne sera plus modifiable par la suite.

Si vous souhaitez un pseudo comme nom d'auteur, sachez que vous pouvez en utiliser dix différents, mais ils doivent aussi respecter la règle Nom Prénom.

Solution

Si KDP rejette votre nom d'auteur, modifiez-le dans les méta-données et sur la couverture. Notez que le titre dans les métadonnées doit être strictement le même que sur la couverture. Ne rajoutez pas de point ou de tiret.

Avant de choisir un pseudo comme nom d'auteur, vérifiez que ce ne soit pas un nom utilisé par un auteur à succès. Vos livres seraient noyés dans les publications de cet auteur et cela serait mal perçu par vos lecteurs.

Titre et sous-titre

KDP offre la possibilité de choisir un titre et un sous-titre pour le livre. Notez que les deux doivent apparaître sur la couverture et être strictement identiques à l'information saisie dans KDP. Le titre est obligatoire tandis que le sous-titre est facultatif.

Certains auteurs ont tendance à bourrer le sous-titre de mots clés pour, espèrent-ils, faciliter l'identification du livre lors de recherches sur Amazon et ne mentionnent pas le sous-titre sur la couverture. C'est très souvent une cause de non publication du livre et si cela se répète, de suppression du compte KDP.

Solution

Si vous avez été tenté par cette pratique, abandonnez-la. Utilisez la description, les mots clés et les rubriques de KDP pour caractériser votre livre.

Titre refusé sur le dos du livre

Le dos du livre est la partie étroite entre la couverture et la quatrième de couverture.

Pour pouvoir imprimer le titre et le nom de l'auteur sur le dos, il faut qu'il ait une épaisseur minimum. Sinon, vous recevez un message d'erreur « Impossibilité d'imprimer le titre ».

Solution

Pour imprimer le titre sur le dos, il faut que votre livre compte au moins cent pages.

En-dessous de cent pages, vous devrez renoncer à l'impression du titre sur le dos du livre.

Si vous avez plus de cent pages et le message, c'est que vous avez choisi une police trop grande. Réduisez-la jusqu'à ce qu'elle soit acceptée.

Attention, un titre trop long peut aussi être rejeté s'il déborde du dos.

Choix du marché principal

KDP / Amazon vous offre la possibilité de vendre votre livre sur plusieurs marchés. Ceux ci sont les États-Unis, le Canada, la France, le Royaume-Uni, l'Espagne, l'Italie, les Pays-Bas, l'Allemagne, la Suède, le Japon, le Mexique, le Brésil et l'Australie.

Nous reviendrons sur ces différents marchés dans le chapitre consacré aux prix qui devront être définis individuellement pour chaque marché.

Quand vous répondez aux questions sur les informations du livre, KDP vous demande quel est le marché principal. Lequel choisir ?

Solution

Pour un livre en français, la réponse est assez évidente : la France.

Si par la suite, vous décidez de traduire ou de faire traduire votre livre, il faudra lui donner un autre ISBN (code international unique d'un livre) et vous devrez définir un nouveau livre. A ce moment, vous choisirez un autre marché principal selon la langue de traduction.

Choix de l'âge de lecture

Toujours dans les informations du livre, il est demandé de définir l'âge de lecture.

Solution

Je vous conseille de ne pas répondre à ce type de question qui génère plus de soucis et de restrictions dans la recherche des livres par les clients potentiels.

Maintenant, si vous publiez des livres pour enfants, il est probablement préférable de cerner votre cible en indiquant un âge pour lequel vous estimez que le livre est le plus approprié.

Si par la suite, vous voulez modifier ce choix, il est toujours possible de revenir dessus en décochant l'option choisie.

Par contre si vous publiez de la littérature érotique, vous trouverez sur la même page une question à ce sujet et je vous conseille d'y répondre en toute franchise pour éviter des plaintes de clients par la suite. La politique d'Amazon sur le sujet est assez puritaine à nos yeux d'européens.

Rejet du fichier

Il existe de nombreuses causes de rejet du manuscrit soumis à KDP. En général, ces rejets se font au moment du chargement du fichier et un message apparaît, plus ou moins clair sur la raison du refus.

Fichier du mauvais format

Les formats acceptés par KDP sont limités et liés au type de livre à créer.

Ebook

Il n'y a que trois types de fichiers acceptés par KDP :
- les fichiers Doc / Docx correctement formatés,
- les fichiers KPF. Les fichiers KPF sont des fichiers mis en forme avec Kindle Create (KC). Je déconseille leur usage car KC comporte de nombreux bugs et ce format n'est pris en charge que par KDP,
- les fichiers epub.

Tout autre fichier sera rejeté.

Solution

Utiliser un format accepté par KDP.

Livres brochés ou reliés

Les fichiers soumis doivent être des pdf d'une taille de maximum 650 Mb. Notez que les polices doivent être intégrées dans le fichier.

Solution

Soumettre un fichier au format accepté par KDP.

Le nombre de pages

Le nombre de pages minimum et maximum dépend de plusieurs facteurs :

- le format du livre,

- le type d'encre, N/B ou couleur,

- le type de papier.

Vous trouverez dans le tableau ci-dessous le nombre de pages selon le format, le papier et l'encre choisis.

Spécifications relatives à la taille de coupe (largeur x hauteur) et nombres de pages minimum et maximum (kdp.amazon.com)

Taille de coupe	Encre noire et papier blanc	Encre noire et papier crème	Encre de couleur standard et papier blanc	Encre de couleur premium et papier blanc

12,7 cm x 20,32 cm (5 po x 8 po)	24 - 828	24 - 776	72 - 600	24 - 828
12,85 cm x 19,84 cm (5,06 po x 7,81 po)	24 - 828	24 - 776	72 - 600	24 - 828
13,34 cm x 20,32 cm (5,25 po x 8 po)	24 - 828	24 - 776	72 - 600	24 - 828
13,97 cm x 21,59 cm (5,5 po x 8,5 po)	24 - 828	24 - 776	72 - 600	24 - 828
15,24 cm x 22,86 cm (6 po x 9 po)	24 - 828	24 - 776	72 - 600	24 - 828
15,6 cm x 23,39 cm (6,14 po x 9,21 po)	24 - 828	24 - 776	72 - 600	24 - 828
16,99 cm x 24,41 cm (6,69 po x 9,61 po)	24 - 828	24 - 776	72 - 600	24 - 828
17,78 cm x 25,4 cm (7 po	24 - 828	24 - 776	72 - 600	24 - 828

x 10 po)

18,9 cm x 24,61 cm (7,44 po x 9,69 po)	24 - 828	24 - 776	72 - 600	24 - 828
19,05 cm x 23,5 cm (7,5 po x 9,25 po)	24 - 828	24 - 776	72 - 600	24 - 828
20,32 cm x 25,4 cm (8 po x 10 po)	24 - 828	24 - 776	72 - 600	24 - 828
20,96 cm x 15,24 cm (8,25 po x 6 po)	24 - 800	24 - 750	72 - 600	24 - 800
20,96 cm x 20,96 cm (8,25 po x 8,25 po)	24 - 800	24 - 750	72 - 600	24 - 800
21,59 cm x 21,59 cm (8,5 po x 8,5 po)	24 - 590	24 - 550	72 - 600	24 - 590

21,59 cm x 27,94 cm (8,5 po x 11 po)	24 - 590	24 - 550	72 - 600	24 - 590
21 cm x 29,7 cm (8,27 po x 11,69 po)	24 - 780	24 - 730	Non disponible	24 - 590

Solution

Si votre fichier a un nombre de pages excédant le maximum autorisé, soit vous choisissez un format de livre plus grand, soit vous réduisez la taille de la police, les marges et/ou l'interligne. Si cela ne suffit pas, il vous reste la solution de diviser votre ouvrage en deux tomes.

La taille du fichier

La taille du fichier soumis ne doit pas dépasser 650 Mb.

Solution

Un fichier de plus de 650 Mb comporte très probablement de nombreuses images. Choisissez de réduire leur définition.

La table des matières

KDP recommande l'usage d'une table des matières pour assurer une bonne expérience de lecture.

A quoi sert la table des matières ?

Elle a à mon avis plusieurs rôles :

- Tout d'abord placée au début du livre, elle permet au lecteur de découvrir dans l'échantillon de lecture les sujets que vous allez aborder.
- Ensuite, elle permet de paginer dans un livre numérique en cliquant sur un élément de la table et d'aller directement à ce chapitre. C'est très pratique lorsque vous cherchez un élément précis dans le livre.
- Elle est très utile dans la réalisation d'un livre de non fiction, car elle vous oblige à structurer votre livre en fonction de chapitres et de sous chapitres.

Comment constituer la table des matières ?

Le plus simple est d'utiliser les « Titres » dans Style. Ici par exemple, « La table des matières » est stylé avec Titre 1, tandis

« Comment constituer la table des matières » est stylé avec Titre 2.

Cela améliore la présentation et facilite l'établissement de la Table des matières.

Pour constituer le Table des matières, positionnez-vous à l'endroit où vous souhaitez qu'elle commence et cliquez sur Insertion / Table des matières.

Choisissez le nombre de niveaux souhaités : dans mon cas trois.

Voilà c'est aussi simple que cela.

Comment mettre à jour la table des matières

Chaque fois que vous ajoutez un élément avec un nouveau titre, utilisez la fonction style. Ensuite, allez dans la table des matières et cliquez droit avec la souris et choisissez « Actualiser la table des matières ». Les nouveaux titres s'ajoutent et la pagination de la Table des Matières se met automatiquement à jour.

Supprimer la pagination

Si vous souhaitez supprimer la pagination dans la Table des Matières, cliquez droit avec la souris et choisissez « Éditer la Table des Matières ». Supprimez le caractère « Chemin de Fer ».

Cette suppression est indispensable pour la Table des Matières d'un livre numérique qui, par définition, ne possède pas de pages car il peut être lu sur des supports différents (téléphone, tablette, liseuse, ...).

Les pages blanches

Ajout de pages blanches

L'auteur désire parfois ajouter des pages blanches. La raison principale est d'avoir certaines informations sur une page de droite. C'est le cas pour la page de titre et parfois pour le début d'un chapitre, bien qu'aujourd'hui certains éditeurs commencent les chapitres indifféremment sur une page de gauche ou de droite.

Pour ajouter une page blanche, insérer un saut de page.

Ajout de pages blanches par KDP

Il arrive parfois que KDP ajoute des pages blanches à votre fichier.

En fait c'est du au processus d'impression.

Chez KDP, les pages d'un livre sont imprimées sur des feuilles recto-verso comprenant deux pages côte-à-côte en recto et deux pages idem en verso. Amazon imprime son code-barre identifiant l'exemplaire du livre à la fin du dit livre. Si votre livre fait 24 pages, KDP ajoutera 4 pages (deux feuilles) et imprimera son code-barre sur la dernière. Si votre livre fait

23 pages, KDP n'ajoutera pas de page blanche et imprimera au verso de la page 23. Etc.

Donc en conclusion selon votre nombre de pages, KDP ajoutera de 0 à 4 pages à votre nombre de pages.

Les problèmes de couverture

Couverture réalisée avec le Créateur de couverture

Le créateur de couverture est un outil qui permet de réaliser une couverture au départ d'images proposées par KDP ou d'une image fournie par l'auteur.

L'outil est facile à utiliser et fournit rapidement une image de ce que sera la couverture. Cette simplicité est en même temps un défaut car il fournit des couvertures assez stéréotypées.

Les erreurs de couverture sont indiqués dans le Créateur de couverture.

Les problèmes rencontrés sont :

- manque de contraste des textes : modifiez la couleur choisie
- texte illisible : augmentez la taille
- texte illisible en quatrième de couverture : augmentez la taille de police
- texte qui déborde en quatrième : supprimez une partie du texte

- image fournie de mauvaise qualité : augmentez la définition de l'image.

Couverture réalisée avec un logiciel

Si vous possédez l'expertise pour créer vous même votre couverture, faites-le. Des logiciels comme GIMP ou Photoshop donnent d'excellents résultats. Bien entendu, il existe d'autres logiciels que vous pouvez utiliser s'ils vous sont plus familiers.

Couverture pour un livre papier

Les problèmes les plus fréquents sont liés aux dimensions de la couverture et au texte qui touche les bords de couverture.

Les erreurs de couverture sont indiqués lors de la prévisualisation dans KDP.

Dimension

La dimension dépend du nombre de pages, du type de papier (blanc ou crème), du type encre (N/B ou couleur) et du format du livre. Utilisez le calculateur de couverture disponible dans l'aide de KDP pour déterminer le format. Vous avez même la possibilité de télécharger un modèle de couverture adapté aux caractéristiques du livre que vous avez introduites.

Dans votre logiciel, adaptez votre image à ces dimensions. Pour un livre papier, vous devez créer, la couverture, le dos (la tranche) du livre et la quatrième de couverture.

Insérez le Titre, le nom de l'auteur et le sous-titre éventuel. Insérez le texte de la quatrième de couverture.

Sauvez votre image et ensuite exportez-la en fichier pdf. C'est ce fichier que vous utiliserez comme couverture.

Si KDP le refuse pour un problème de dimension, il vous indique la dimension attendue.

Solution

Rectifiez les dimensions au départ de la couverture sauvée dans votre logiciel et exportez-la à nouveau en pdf.

Texte qui déborde

Simplement une lettre qui touche un bord extérieur est une source de refus pour KDP.

Solution

Recadrez le texte incriminé avec votre logiciel pour qu'il ne touche plus le cadre.

Manque de lisibilité

Dans ce cas, le message de KDP est peu clair et parle d'expérience client.

Solution

Augmentez le contraste et la lisibilité du texte du titre ou de la quatrième de couverture.

Couverture pour un ebook

Les règles à respecter sont plus simples. L'image doit :

- être dans un rapport hauteur / largeur de 1,6 pour 1 c'est à dire 1600 pixels en hauteur pour 1000 en largeur,

- avoir une une définition de 72 ppp,

- ne pas dépasser 50Mb.

Solution

En cas de refus, rectifiez.

Vous ne savez pas réaliser une couverture

Dans ce cas faites appel à un sous-traitant. Expliquez-lui ce que vous voulez en terme de couleur, design, genre de couverture ...

Un dernier conseil

Choisissez soigneusement la couverture et le titre de votre livre pour qu'ils soient attractifs et donnent envie de lire. La couverture est le premier contact avec le lecteur. Il est important de ne pas le rater.

Veillez aussi à choisir un titre qui soit lisible. Pensez que les photos sur Amazon sont de petite taille. La lisibilité dépend de la taille de la police et aussi de sa couleur qui doit trancher sur le fond.

Correction des erreurs du manuscrit

Corriger le livre

Vous avez réussi à publier votre livre et on vous signale ou vous remarquez tardivement une erreur, une coquille. Idéalement cela aurait du être identifié avant la publication.

Autre cas de figure, vous avez écrit un livre de non fiction et vous souhaitez ajouter un paragraphe. Comment faire ?

Solution

La correction d'un manuscrit est très simple.

- Modifiez le texte de votre fichier d'origine. Vérifiez qu'il n'y a plus d'erreurs.
- Exportez-le en pdf pour un livre papier, en epub, ou doc pour un livre numérique
- Allez dans la bibliothèque et choisissez « Mise à jour du contenu ». Téléchargez votre fichier corrigé.
- Répondez à la question sur l'IA et prévisualisez le livre.
- Si vous êtes satisfait allez à la page suivante, celle des prix et publiez. Si vous voulez à nouveau modifier votre fichier, recommencez ce processus.

Les acheteurs précédents de livres bénéficieront ils des corrections ?

Non, ils ne verront pas ces corrections.

Dans le cas d'un livre numérique, vous pouvez demander à KDP de pousser la version corrigée vers les acheteurs, mais sans garantie que cette action sera réalisée.

Pour un livre papier, il arrive parfois qu'Amazon ait quelques livres en stock. Ceux-ci seront écoulés avant que vos mise à jour soient intégrées dans les nouvelles impressions.

Les avis et commentaires

Les avis sont des appréciations laissées par des lecteurs sous forme d'étoiles. Ces avis sont demandés à la fin d'un livre numérique.

Les commentaires sont des avis avec un texte sensé justifier l'appréciation. Pour laisser un commentaire, il n'est pas nécessaire d'avoir acheté le livre. La mention « Achat vérifié » atteste de l'achat.

Importance des avis et commentaires

On lit parfois des commentaires d'auteurs qui se désolent de ne pas recevoir d'avis. Il faut savoir que ceux-ci se font de plus en plus rares, probablement parce que les gens sont trop souvent sollicités pour donner des avis à propos de tout et de rien : un restaurant, un achat dans un magasin de bricolage ...

Mes statistiques indiquent un avis pour 13 ventes et un commentaire pour cent ventes. Comme vous voyez, ce sont les ventes qui amènent les commentaires et pas l'inverse.

Je ne crois pas que les avis soient essentiels pour faire vendre. Cela aide bien sûr, mais ce n'est pas déterminant surtout pour un livre de fiction qui dépend du genre et du style qu'aime le lecteur. On ne peut pas plaire à tout le monde.

Par contre recevoir un avis négatif comme premier avis fait du tort. Cela m'est arrivé deux fois et cela plombe le lancement du livre.

Il est interdit par KDP de solliciter des avis sur les forums et encore plus de les acheter. De même, la fourniture d'avis croisés entre auteurs est interdite. Dans les deux cas, la sanction est la suppression du compte KDP.

Solution

Pour recevoir des avis, vous êtes autorisé à laisser une demande à la fin de votre livre. « Si vous avez aimé ce livre, pensez à le recommander à vos amis et à laisser un avis sur ma page Amazon. Merci d'avance».

Que faire en cas de commentaire négatif ?

Il arrive parfois de recevoir un commentaire que l'on estime négatif et injustifié. Est-il possible de le faire supprimer.

KDP n'accepte de supprimer un commentaire que s'il est diffamatoire ou injurieux. Donc un commentaire, expliquant que le livre est mal écrit ou l'intrigue peu intéressante ne sera jamais supprimé.

En fait, KDP estime que les commentaires sont destinés à ses clients et se soucie peu de l'opinion de l'auteur quant à leur pertinence. Il faut l'accepter.

Il n'y a pas de possibilité de répondre à un avis. C'était possible auparavant, mais cela a été supprimé.

Solution

Ne vous préoccupez pas trop des commentaires. Examinez simplement s'ils sont justifiés et dans ce cas, essayez de rectifier ce qui est reproché.

Les avis refusés

Certains avis ou commentaires ne sont pas acceptés par KDP. En particulier, vous et les membres de votre famille ne pouvez pas commenter vos livres. Il en est de même pour vos amis. Il n'est pas clair comment Amazon parvient à déterminer qu'un commentaire provient d'une personne de votre entourage.

Pour pouvoir commenter, il faut aussi avoir dépensé au moins 50€ durant les douze derniers mois sur Amazon.

Livres du domaine public

Un livre du domaine public est un livre dont les droits d'édition sont révolus.

Le problème est que la durée des droits diffèrent d'un pays à l'autre.

KDP est assez réticent à publier des livres du domaine public et a instauré des règles pour éviter que ceux-ci ne polluent son catalogue.

Ces règles sont :

- Œuvre traduite : la traduction doit être inédite,
- Œuvre annotée : les annotations et commentaires doivent être inédits (commentaires originaux, analyse littéraire, contexte historique, analyse de texte …).

Le plus souvent KDP refuse les livres du domaine public.

Solution

Cochez la case « Livre du domaine public » dans les informations du livre et soyez prêt à justifier que le livre est tombé dans le domaine public et que votre version est originale.

Je conseille de ne publier le livre que sur la plateforme France pour éviter les difficultés inhérentes aux règles de domaine public qui diffèrent selon les pays.

En Europe, un livre est considéré comme tombant dans le domaine public, 75 ans après la mort de son auteur.

Taille de l'échantillon de lecture

Dans la page de vente d'Amazon, vous trouvez une case « Lire l'échantillon ». Cela permet de prendre connaissance des premières pages du livre, en général 10 % du nombre de pages total.

Attention, cet échantillon peut être à double tranchant. Si des fautes d'orthographe, une mauvaise syntaxe ou une pauvreté de vocabulaire est décelée, cela peut dissuader le client potentiel de passer à l'achat. La mise en page est aussi un élément déterminant dans le choix du client.

Solution

Un bon conseil, vérifiez plutôt deux fois qu'une les pages qui seront ainsi présentées.

Modifier la taille de l'échantillon

Par défaut, KDP propose d'offrir dix pourcent du livre à la lecture de la personne intéressée par le livre. L'objet de cet échantillon est de donner la possibilité au client potentiel de se rendre compte du sujet et du style de l'auteur.

Que faire si vous estimez que cet échantillon est trop important ou au contraire insuffisant ?

Solution

En bas de la page « Communauté » de KDP, il y a un onglet « Contactez-nous ». Cliquez dessus et cherchez la rubrique « Mise en forme et publication des livres ». Choisissez une rubrique et demandez la modification de la taille de l'échantillon de votre livre. N'oubliez pas de mentionner l'ASIN et le titre pour que votre correspondant chez KDP reçoive les informations pertinentes pour faire la modification.

Peut-on choisir quelles pages font partie de l'échantillon de lecture ?

Malheureusement, la réponse est négative. Ce sont les premières pages qui apparaissent. Les pages blanches sont éliminées.

Quelle est la bonne taille de l'échantillon ?

Il n'y a pas de réponse toute faite. Cela dépend du type de livre et de la taille du livre.

Solution

Pour un livre de non fiction, je pense que la table des matières et l'introduction dans laquelle vous expliquez vos objectifs sont un minimum. Cela permet au lecteur de se rendre compte de ce que le livre lui apportera.

Pour un roman, quelque soit le genre, je donnerais un ou deux chapitres en essayant d'arriver à un point du récit où le thème du livre sera exposé pour susciter l'intérêt du lecteur et exciter sa curiosité.

Lire l'échantillon n'apparaît pas

Quand on vient de publier un livre, il faut un délai pour que tout se mette en place. D'abord, l'affichage du livre, ensuite le prix et la possibilité de commander.

Cependant la lecture de l'échantillon n'est parfois pas disponible immédiatement.

Solution

Ne faites rien. Il suffit d'attendre un ou deux jours pour que cela se mette en place. Si le délai est plus long, alors envisagez de contacter l'assistance en expliquant le problème et en donnant le numéro d'ASIN.

Utilisation de l'IA

Beaucoup de films sur YouTube expliquent qu'il est possible de faire des profits rapides en écrivant des livres avec l'IA et de les publier sur KDP.

Cela a donné lieu à de nombreuses publications qui sont venues s'ajouter aux publications de livre à faible contenu.

Les livres créés avec l'aide de l'IA sont ils acceptés sur KDP ?

La réponse est simple : oui.

Vous verrez dans la page relative au contenu que KDP pose une question sur l'utilisation de l'IA pour la réalisation du livre et de sa couverture. Que faut-il répondre ?

Solution

Répondez en toute franchise car les couvertures réalisées avec l'IA sont facilement reconnaissables. Quant au contenu, les logiciels de reconnaissance de contenu réalisé avec l'IA progressent de jour en jour. Il n'est pas impossible qu'un jour, KDP modifie sa politique vis à vis des livres réalisés avec l'IA.

Mon avis sur la question est qu'un livre réalisé avec l'IA manque de caractère et a un style plat avec des situations stéréotypées. Par contre, l'IA peut aider un auteur pour documenter une situation ou vérifier l'orthographe. A chacun de se faire son opinion sur la question et de déterminer jusqu'où l'IA peut l'aider dans son travail d'écriture.

Prévisualisation et Formatage

Dans la page consacrée au contenu du livre, vous verrez la possibilité d'accéder à la prévisualisation du livre. Cette option est primordiale pour réaliser l'aspect du livre et de la couverture.

Avant d'aborder les problèmes qui peuvent apparaître, parlons un peu du formatage du livre. Tout d'abord le formatage d'un livre papier est différent de celui d'un livre numérique. Il faut donc partir d'un fichier impeccable au niveau de l'écriture et de l'orthographe pour ne pas devoir faire ensuite les corrections deux fois.

Livre papier

L'essentiel du formatage se fait dans le logiciel d'écriture (Word, Libre Office). Voici les règles minimum :

- utilisation des styles pour les titres, les paragraphes, les polices et les interlignes afin d'avoir une uniformité à travers tout le livre,
- ne pas utiliser la touche entrée (le retour chariot de la machine à écrire) sauf pour changer de paragraphe. Les écarts entre paragraphes sont formatés avec les

espacements. Les changements de page se font avec un saut de page,
- le retrait de début de ligne du paragraphe est défini avec les styles,
- définir les marges hautes et basses, intérieures et extérieures. La marge intérieure est généralement plus grande pour le confort de lecture,
- choisir dans le logiciel d'écriture un format de page aussi proche que possible du format de livre choisir,
- définir le bas de page et la numérotation des pages,
- créer une table des matières avec les niveaux de titres,
- créer la page de titre avec les styles.

Le respect de ces règles doit vous donner un livre propre et présentable. Sauvez votre fichier comme livre « papier ».

Livre numérique

Au départ du fichier précédent, sauvez-le comme livre « numérique » et faites les changements suivants :
- un ebook n'a pas de numérotation de page car la coupure des pages se fera selon le matériel (téléphone, liseuse, tablette …) sur lequel le livre sera lu. Supprimer le bas de page et la numérotation,
- pas de pages blanches dans un livre numérique,
- supprimez les marges,
- supprimez l'entrée numéro de page dans la table des matières (Éditez l'entrée).

Sauvez ce nouveau fichier en « numérique ».

Prévisualisation

Examinez chaque page de la prévisualisation et notez les erreurs qui apparaissent.

Solution

Pour chacune d'elle, il faudra retourner au fichier d'origine et corriger le formatage en fonction de l'erreur constatée.

Par exemple si vous voulez que les chapitres commencent sur une page de droite (appelée belle page) dans la version papier, vous devrez parfois insérer des pages supplémentaires avec un saut de page.

Les Prix

Les blocages liés aux prix sont multiples.

Prix maxi et prix mini

Dans la page de mise à jour des prix, vous devez choisir un prix entre le mini et le maxi proposé par KDP et cela pour chaque marché pour lequel vous souhaitez que votre livre soit proposé. En général, on choisit le prix pour le marché principal (généralement la France pour les auteurs francophones) et le prix se calcule pour les autres marchés.

Pour des raisons de marketing, choisissez un prix étudié qui se termine par ,99 ou ,90 ou,49. Cela nécessite d'adapter les prix des autres marchés en euros si vous voulez garder un prix identique sur tous les marchés en euros car les taux de TVA diffèrent d'un marché à l'autre.

Changement de prix par Amazon

Parfois, il arrive qu'Amazon diminue le prix que vous avez retenu. Votre prix ne sera pas modifié dans votre bibliothèque, mais bien sur la page d'affichage d'Amazon.

Amazon en tant que vendeur a le droit de modifier votre prix de vente. Rassurez-vous votre redevance restera inchangée.

La raison pour laquelle Amazon procède ainsi est sans doute qu'ils ont un ou plusieurs exemplaires de votre livre en stock et qui restent invendus. C'est parfois une opportunité pour l'auteur de les acheter à prix réduit moins cher qu'un exemplaire auteur.

Questions relatives à la TVA

Ce problème est apparu en 2024. KDP /Amazon considère que certains livres avec du faible contenu, style agenda ou carnet de notes, ne sont pas des livres, mais plutôt des articles de papeterie. A ce titre, ils comptent une TVA de 20 % au lieu de 5,5 % (taux français).

Cette interprétation semble être contestable par rapport aux règles de la TVA. N'étant pas un spécialiste fiscal, je ne me prononcerai pas sur la légalité de cette interprétation.

Le problème est que d'autres livres qui sont eux à contenu classique (romans, livres de non fiction) ont eux aussi subi indûment le taux de 20 %.

Solution

Dans ce cas, l'auteur doit s'adresser à KDP pour expliquer que le livre en question n'est pas à contenu restreint et qu'il doit donc bénéficier du taux réduit de 5,5 % (taux français).

Indisponibilité du livre

L'indisponibilité du livre est aussi un problème qui a surgi en 2023.

Indisponibilité à la publication

En fait quand on publie un nouveau livre, sa publication n'est pas immédiate et un délai jusqu'à trois jours ouvrables (parfois plus pour les livres low content) peut être nécessaire. Parfois, il arrive que le livre soit publié, mais avec la mention indisponible à la place du prix.

Solution

Ce n'est pas très grave. Il suffit de patienter un jour ou deux et le prix va apparaître de sorte que le livre pourra être commandé.

Indisponibilité suite à un changement de prix

Ce problème est plus subtil et me semble lié à la Loi Lang et est limité au marché français. En fait, quand l'auteur modifie le prix du livre, il apparaît sur Amazon avec la mention indisponible. Au contraire du cas précédent, le prix ne se rétablit pas après quelques jours. Contacter KDP semble aussi peu productif car on reçoit des réponses évasives du style : C'est un problème provisoire. On y travaille.

Malheureusement, rien ne se passe et votre livre reste indisponible.

Solution

Vous pouvez résoudre ce souci de la façon suivante :

- Dépubliez le livre en question
- Attendez au moins douze heures que la dépublication prenne ses effets,
- Republiez le livre avec le même ISBN et choisissez votre nouveau prix,
- Dans les trois jours, votre livre va être disponible avec le prix adapté.

Livres publiés sur plusieurs plateformes

En tant qu'auteur, KDP / Amazon ne vous impose pas d'exclusivité pour la publication. Vous pouvez donc publier votre livre sur Amazon, mais aussi sur Kobo , Bookelis ou tout autre plateforme d'auto-édition. Une seule restriction pour les livres numériques inscrits à Kindle Select : dans ce cas, KDP demande l'exclusivité pour l'e-book.

KDP / Amazon vous demande cependant que les prix pratiqués sur d'autres plateformes d'édition ne soient pas inférieurs au prix pratiqué sur Amazon. Si Amazon constate que ce n'est pas le cas, il modifiera le prix de vente et votre redevance pour s'aligner sur le prix le plus bas trouvé.

Différence exemplaires auteur et épreuve du livre

L'épreuve du livre

L'épreuve du livre est un exemplaire du livre que vous pouvez obtenir une fois que le livre est introduit dans KDP avant qu'il ne soit publié. Il n'est pas destiné à être revendu et la couverture est barrée d'un bandeau indiquant « Exemplaire non destiné à la vente ».

Cet épreuve est destinée à l'auteur pour revoir l'aspect et la forme de son exemplaire avant la publication.

Le coût de cet exemplaire est le prix d'impression. Je vous recommande fortement d'en commander un avant la publication car il est plus aisé de trouver des coquilles ou problèmes de mise en page sur un exemplaire papier qu'en prévisualisation.

Exemplaires destiné à l'auteur

Voici comment commander des exemplaires auteur.
Rendez-vous dans votre bibliothèque KDP.

- Trouvez le livre broché ou relié que vous souhaitez commander.

- Cliquez sur le bouton représentant des points de suspension (« ... »), puis sur le lien Demander des épreuves au format papier.
- Sélectionnez la quantité à commander. Vous pouvez acheter jusqu'à 5 épreuves par commande.
- Choisissez le site Amazon en fonction de la destination de votre envoi.

Remarque : Dans certaines régions, vous devrez peut-être commander votre épreuve ou votre exemplaire d'auteur sur un autre site de vente. Lors de la validation de la commande, vous serez éventuellement informé si l'expédition des épreuves à l'adresse indiquée n'est pas possible.

- Cliquez sur Envoyer la commande d'épreuves.

Dans les 4 heures suivant votre demande d'épreuves, vous recevrez un e-mail incluant un lien qui vous permettra de valider votre commande.

Important : Si vous ne recevez pas d'e-mail après quatre heures, vérifiez que vous utilisez l'adresse e-mail associée à votre compte KDP. Si vous ne retrouvez pas l'e-mail ou s'il a été supprimé, vérifiez votre panier dans lequel vous avez commandé des épreuves.

Cliquez alors sur le bouton « Accéder au panier » qui se trouve dans l'e-mail reçu pour finaliser votre achat. Si vous ne validez pas votre commande dans les 24 heures qui suivent la réception de cet e-mail, les épreuves seront supprimées de votre panier.

Délai pour les exemplaire auteur

Il est important de savoir que le délai pour obtenir des exemplaires auteur est parfois assez long. Cela est particulièrement vrai en période de fêtes.

Si vous avez besoin d'exemplaires pour un évènement tel que séance de dédicaces, salon ..., assurez-vous d'être en possession du nombre d'exemplaires requis avant de programmer la date de l'évènement.

Problèmes d'impression

Marqueurs de couleur dans le livre

Plusieurs pages de l'épreuve ou d'un livre acheté contiennent des marqueurs de couleurs jaune, rouge, bleu et noir. Ces marqueurs ne sont pas présents dans le pdf envoyé à KDP.

Solution

Ces marqueurs sont des vérificateurs de conformité. Ils permettent au contrôleur humain ou au robot de s'assurer que les cartouches d'encre de l'imprimante ont bien fonctionné pour les 4 couleurs (CMJN). S'il manque une des 4 marques, cela veut dire que l'ouvrage n'a pas été imprimé correctement (manque d'encre pour une couleur).

Normalement, ces marques sont imprimées en dehors de la zone d'impression normale. Elles sont coupées lors de la finition. Si elles apparaissent,c'est peut être dû à différentes causes :

- erreur de KDP lors du processus d'impression (mauvais positionnement des pages lors de la coupe),

- fichier PDF ne respectant pas exactement les mesures du modèle KDP,

- fichier PDF pour lequel vous avez sélectionné d'imprimer les repères de coupe (il ne faut pas).

Commandez une nouvelle épreuve. Si le problème se reproduit, il est probable que c'est votre fichier qui est en cause.

Redevances

C'est quoi la redevance ?

La redevance est la rémunération que vous attribue Amazon lorsque vous vendez un livre. Il ne s'agit pas de droits d'auteur car chez KDP l'auteur est l'éditeur, KDP est l'imprimeur et Amazon le vendeur.

Retenez bien que vous êtes l'éditeur et que vous gardez tous vos droits sur vos livres. La conséquence est que vous êtes responsable du travail depuis l'écriture jusqu'à l'envoi du manuscrit et aussi de tout le travail de marketing. KDP / Amazon s'occupe de l'impression, de la proposition à la vente et de la distribution du livre.

Une autre conséquence est que l'acheteur est le client d'Amazon, pas le vôtre.

Comment est-elle calculée ?

Sur un livre numérique

En-dessous de 2,69€
La rémunération est de 35% du prix.
Entre 2,69 et 9,99€

La rémunération est de 70%. moins une charge très légère dépendant du poids numérique du fichier.

Au-delà de 9,99€

Vous repassez à une rémunération de 35%. Donc évitez les prix supérieurs à 9,99€ pour un ebook.

Sur un livre papier

Le calcul de la redevance a été modifié le 10 juin 2025. Voici la nouvelle tarification qui favorise les livres papiers au-delà de 9,99€ HTVA.

Pour un livre papier, votre rémunération est la suivante:

En dessous de 9,99€ HTVA

(Prix de vente TTC *50%) - prix d'impression.

Au-delà de 9,99€ HTVA

(Prix de vente TTC *60%) - prix d'impression.

Faire le suivi

Le suivi des redevances est facile à faire avec l'onglet « Rapport » qui est disponible sur la page de KDP. Tapez https://kdpreports.amazon.com/ et choisissez l'onglet rapport. Après avoir entré votre identifiant et mot de passe, vous accédez au rapport de ventes.

Vous avez la possibilité de suivre les ventes par jour ou par mois. Il est aussi possible de sélectionner des périodes, la plateforme, le type de livres ...

Quand les redevances sont elles payées ?

Les redevances sont payées à 60 jours fin de mois après le mois de vente des livres, sauf pour les paiements par chèques qui sont envoyés une fois un montant atteint.

Mode de paiement

Par virement bancaire : c'est le procédé le plus simple.

Par chèque : le chèque est envoyé dès qu'un montant minimum (100€, 100$ par plateforme) est atteint. Ce type de paiement entraîne souvent des frais bancaires à charge de l'auteur.

Par Payoneer : mode de paiement alternatif pour les pays où le paiement par virement n'est pas possible. Cette solution est parfois préférable au paiement par chèque.

Dans quelle devise serez-vous payé ?

Vous serez payé dans la devise locale du lieu où est établi votre compte bancaire.

Pour la zone euro, vous recevrez vos redevances en euro même si vous avez vendu des livres sur un autre marché que le marché européen.

Le taux de change est fixé par Amazon.

Paiements qui n'aboutissent pas

Certains auteurs se plaignent de paiements qui ,ne leur parviennent pas.

Solution :

Il semblerait que la cause soit une différence entre le patronyme tel qu'enregistré sur KDP et celui connu par la banque. Une petite différence – initiale en plus ou erreur dans le nom – peut être la cause d'un rejet. La solution est évidement de corriger l'erreur.

Quel est le niveau optimum de redevance?

La redevance est liée au prix. Le mieux est de regarder d'autres livres du même genre et avec un nombre de pages comparable pour déterminer le prix adéquat et la redevance qui en découle.

Je donne généralement comme conseil de démarrer bas et d'augmenter le prix en fonction des ventes et des avis recueillis.

Le statut du livre

L'auteur qui publie son premier livre est parfois intrigué par le statut du livre. Celui-ci apparaît dans la bibliothèque de KDP. Les statuts possibles sont les suivants :

- **Brouillon :** Vous avez commencé à saisir les informations relatives au livre, mais vous ne l'avez pas encore soumis pour publication. Lorsque votre livre affiche le statut « Brouillon », vous pouvez modifier vos informations à tout moment

- **En cours de révision :** Une fois que vous avez soumis votre ouvrage en vue de sa publication, il est soumis à un examen. Lors de l'examen, votre livre est vérifié s'assurer qu'il respecte les règles relatives à la mise en forme et au contenu. Si votre livre affichait le statut «En cours de révision » et qu'il affiche de nouveau le statut « Brouillon », cela signifie que des éléments qui doivent être modifiés ont été trouvés. Consultez votre messagerie pour obtenir de plus amples informations. Une fois que vous aurez mis à jour votre livre , vous pourrez le soumettre à nouveau pour publication et un nouvel examen. Tant que l'ouvrage affiche « En cours de révision », vous ne pourrez pas apporter de modifications.

- **En cours de publication** : Votre livre a validé l'étape de révision et est en cours de publication. Tant que l'ouvrage affiche « En cours de publication », vous ne pourrez pas apporter de modifications.
- **En ligne :** statut normal d'un livre publié et disponible à l'achat sur Amazon.
- **En ligne modifications non publiées :** Vous avez modifié les informations relatives à votre livre «Disponible en ligne », mais vous n'avez pas encore soumis vos modifications en vue de leur publication. Pour publier, allez à la page prix et cliquez sur « Publiez ».
- **En ligne modifications en cours de révision :** Les modifications sont vérifiées.
- **En ligne modifications en cours de publication :** vos modifications ont été acceptées, le livre est en cours de publication.
- **Bloqué :** votre livre ne répond pas aux règles de KDP. Vérifiez les messages reçus ou contactez KDP pour avoir plus d'explications.

Lorsque vous apportez une modification à un livre déjà publié, la version précédente du livre reste disponible à l'achat durant tout le le processus de révision et de publication.

La page de vente Amazon

La page de vente Amazon est celle où apparaît votre livre avec sa photo de couverture, les versions disponibles, les prix, la description et le niveau moyen des avis. C'est sur cette page que le client potentiel peut cliquer pour changer de version et / ou acheter votre livre.

Une des versions n'apparaît pas

Cela arrive qu'une version de votre livre (e-book, broché ou relié) n'y apparaisse pas.

Solution

Utilisez le « contactez-nous » pour le signaler à KDP qui fera le nécessaire pour lié le livre manquant. N'oubliez pas d'indiquer l'ASIN du livre manquant et celui du livre avec lequel vous souhaitez qu'il soit mis en liaison.

Kindle Select et KU

Comment cela fonctionne ?

Kindle Unlimited (KU) est un programme payant d'Amazon qui propose aux affiliés au programme de lire les livres numériques inscrits par leur auteur au programme.

Les auteurs sont eux rémunérés à la page lue à un tarif de plus ou moins 0,003 cents par page, soit approximativement un euro pour trois cents pages.

En gros, il s'agit d'une système de prêt de livres moyennant rémunération, comme une bibliothèque virtuelle.

En tant qu'auteur, vous devez décider si vous inscrivez votre livre au programme de prêt Kindle Select. Ce choix se fait à la page prix du livre numérique ou dans la bibliothèque.

Est ce intéressant ?

Solution

En terme de rémunération, ce n'est pas beaucoup, mais par contre cela contribue à la notoriété du livre et à son ascension dans le classement des livres.

Le système fonctionne assez bien pour des romans dans des genres fort courus comme la romance, les romans policiers, la science fiction … dans lesquels les lecteurs dévorent les livres.

Je vous engage à essayer car l'engagement n'est que de trois mois éventuellement renouvelable.

Pour s'inscrire, cocher la case Kindle Select au bas de la page prix du livre numérique.

Pour se désaffilier, la date du renouvellement est rappelée par KDP.

Pages KENP

Pour une lecture complète du livre, vous obtenez des pages KENP (équivalence des pages du livre) qui diffèrent souvent du nombre de pages de votre ebook.

Les pages KENP sont calculées par un algorithme qui tient compte du nombre de mots, de la taille de l'interligne, de la police, de sa taille et d'autres facteurs. Cet algorithme définit ainsi le nombre de pages KENP de votre livre qui ne correspond pas nécessairement au nombre de pages affiché sur votre page de vente.

Nombre de livres lus

Dans le rapport de vente de KDP, les pages lues sont mentionnées, mais vous n'avez pas la possibilité de connaître le nombre de livres entamés.

Si par exemple, il est mentionné cent pages lues pour un titre, vous ne savez pas si cent lecteurs ont lu une page ou si un lecteur a lu cent pages.

Tout ce que vous pouvez faire, c'est diviser les pages lues par le nombre de pages du livre.

Fréquence du reporting des pages lues

Pour que les pages lues s'affichent, il est nécessaire que le lecteur se connecte à internet. S'il lit sur une liseuse en mode déconnecté, vous n'obtiendrez sa contribution qu'à ce moment là.

Cela explique que parfois vous obtenez encore des pages lues alors que le livre a été retiré de Kindle Select des semaines auparavant.

Promouvoir son livre

Chaque jour des centaines de livres sont publiés sur KDP / Amazon. Cela implique que si vous ne faites rien pour le mettre en avant, votre livre risque fort d'être perdu et qu'il ne se vendra pas.

Actions de marketing

A ce stade, commence le travail de marketing du livre. Voici les actions à entreprendre :

- parlez-en alentour de vous à la famille, aux amis et connaissances,
- faites-vous connaître sur les réseaux sociaux et intervenez dans les conversations. Parlez de votre livre quand l'occasion se présente pour illustrer vos propos, pas simplement en disant voici le livre que je viens de terminer,
- soignez le lancement de votre livre,
- participez aux offres Kindle pour toucher de nouveaux lecteurs,
- faites une page auteur sur Amazon. Ce n'est pas difficile et permet de vous présenter. Rédigez une bio,

avec photo et mentionnez le cas échéant les autres livres publiés,

- faites un site web dans lequel vous parlez de vous, de vos réalisations, de vos difficultés, de vos projets,
- participez à des salons du livre,
- cherchez à obtenir des critiques de blogueurs littéraires,
- présentez votre livre en bibliothèque ou en librairie,
- écrivez aux journaux locaux pour les informer de la sortie récente de votre livre. Donnez-leur un résumé et une photo de la couverture,
- faites de la publicité. Je développe le point par la suite,
- écrivez un second livre. Ce point est crucial car un auteur avec plusieurs livres à son actif est plus crédible et l'on rachète volontiers un livre d'un auteur que l'on a apprécié.

La publicité

La publicité est un moyen qui me semble indispensable pour faire connaître son livre. Je ne vais pas vous décrire comment faire car j'ai écrit un livre sur le sujet qui dépasse le cadre de la solution des difficultés rencontrées avec KDP : « **Maîtriser Amazon Advertising : comment booster la vente de vos livres** » ASIN B08R41PFH6

La publicité représente 50% de mes ventes avec un budget inférieur à 1€ par jour. En d'autres termes, la publicité a permis de doubler les ventes de livres. Ces ventes sont rentables car la redevance générée est supérieure au coût moyen par commande.

Si vous aussi, vous voulez sortir du lot, je vous encourage à faire de la publicité. L'avantage de prendre connaissance d'un livre sur le sujet, est de bénéficier de l'expérience d'un auteur qui a suivi le même cheminement et qui vous explique comment s'y prendre, les stratégies à adopter et les erreurs à éviter.

Traduire un livre

Quand un auteur a un livre qui se vend bien, il a souvent la tentation de penser à le traduire dans une autre langue pour augmenter les ventes.

En théorie, l'idée est séduisante. Découvrir un nouveau marché, augmenter les ventes, s'affirmer comme auteur reconnu ...

Attention cependant aux risques :

- une bonne traduction coûte cher,
- doit être réalisée par un « native speaker »,
- les traducteurs automatiques, même dopés à l'IA ne sont pas fiables car ils manquent de nuances,
- les marchés étrangers sont souvent plus larges, mais aussi plus concurrentiels,
- traduire, ce n'est pas seulement fournir une version dans une autre langue, c'est aussi rendre l'esprit d'un livre et exprimer son atmosphère,
- la promotion dans une langue étrangère, sur un terrain peu connu et sans éditeur risque d'être très difficile.

Solution

Si vous n'êtes pas capable de faire la traduction vous-même et si vous n'avez pas quelqu'un de fiable dans votre entourage, abandonnez cette idée.

Si vous voulez recourir à un traducteur extérieur, étudiez bien les coûts et surtout examinez les traductions déjà réalisées par la personne en vous faisant assister par un proche dont c'est la langue maternelle.

Surtout, résistez à la tentation de recourir aux logiciels de traduction dont le résultat indique le manque de professionnalisme et les imprécisions du langage.

Un livre traduit signifie un nouveau livre. Vous devez donc lui attribuer un nouvel ISBN et l'enregistrer auprès de la bibliothèque nationale.

Mon livre est piraté

C'est un message que l'on voit souvent dans les forums. Ne criez pas trop vite au piratage. Je vais vous expliquer différents cas de figures.

Votre livre apparaît sur Amazon à un autre prix

Il y a deux cas de figures.

Quelqu'un vend votre livre sur votre page plus cher

Regardez bien, le livre vendu à un prix supérieur au votre est en fait vendu comme un livre d'occasion. Le vendeur n'a pas votre livre et si quelqu'un le commande, il devra vous l'acheter et le faire livrer à son destinataire par Amazon.

Vous ne perdrez rien puisque vous toucherez votre redevance.

La seule personne lésée est l'acheteur car lui, il aurait pu vous acheter le livre directement moins cher. De plus parfois, le revendeur applique des coûts d'envoi en plus.

Cette pratique n'est pas illégale car personne n'interdit la revente de livres d'occasion.

Solution

- Soit vous ne faites rien et attendez que le vendeur se décourage. Toutes les ventes faites entre-temps, vous rapporte votre redevance habituelle. Vous risquez simplement un affaiblissement des ventes du au prix surfait.

- Si vous voulez vraiment agir, augmentez le prix de vente de votre livre à un prix intermédiaire entre le prix habituel et celui du revendeur. Vous allez ainsi rognez sa marge et quand vous vendrez, votre redevance sera plus élevée.

- Troisième solution : cliquez sur le livre vendu d'occasion et recherchez l'adresse du vendeur. Écrivez lui pour lui demander de retirer votre livre de la vente. Parfois cela fonctionne.

Mon livre apparaît gratuitement sur internet

KDP prend vos droits d'auteur et votre sécurité au sérieux et ne fournit pas vos fichiers à d'autres en dehors des vendeurs agréés par KDP. Si vous constatez que votre ouvrage est disponible à la vente sur un site Web non autorisé, je vous suggère de contacter directement le site en question pour faire valoir vos droits et demander le retrait du contenu. Veuillez néanmoins noter que certains sites Web, appelés sites d'« hameçonnage » (ou « phishing »), mentionnent des contenus dont ils ne disposent pas en réalité et proposent des livres papier (à l'achat ou gratuitement) pour inciter les clients à saisir des données personnelles. La plus grande prudence s'impose lorsque vous fournissez des données personnelles sur ce type de site, en particulier votre numéro de carte de crédit.

Les mentions légales

Comme dans tout, le législateur a tenu à imposer des règles sur la publication des livres. Autant les respecter.

Nom de l'auteur :

Le nom ou le pseudonyme de l'auteur doit figurer sur la couverture ou la page de titre du livre.

Titre de l'ouvrage :

Le titre du livre doit être clairement indiqué.

Nom de l'éditeur :

Le nom et les coordonnées de l'éditeur (raison sociale, adresse, etc.) doivent figurer sur la page de titre ou sur la page de copyright (souvent la première ou la deuxième page après la couverture).

Dépôt légal :

Le dépôt légal est obligatoire en France. L'éditeur doit déposer un exemplaire du livre à la Bibliothèque nationale de France (BOF). La mention "Dépôt légal" suivie du mois et de l'année de publication doit apparaître dans le livre.

Pour les auteurs qui ne résident pas en France, un dépôt légal en Belgique, Suisse ou Canada suffit. Il ne faut pas faire à nouveau un dépôt en France.

ISBN :

L'International Standard Book Number (ISBN) est un numéro unique attribué à chaque édition d'un livre. Il doit être mentionné dans l'ouvrage, généralement sur la page de copyright ou en quatrième de couverture.

Imprimeur :

Le nom et l'adresse de l'imprimeur doivent être indiqués dans le livre. En général, cette mention est située à la fin de l'ouvrage, sur la dernière page ou à la fin des pages de garde.

Exemple de mention : "Imprimé par [Nom de l'imprimeur], [Adresse], [Pays]".

Pour un livre imprimé par KDP, le nom de Amazon et lieu d'impression sont indiqués dans le livre.

Mentions relatives aux droits d'auteur :

Une mention précisant les droits d'auteur et les restrictions d'utilisation de l'œuvre est nécessaire. Cela inclut souvent une phrase comme : "Tous droits réservés. Ce livre ne peut être reproduit, en tout ou en partie, sous quelque forme que ce soit, sans l'autorisation écrite de l'éditeur."

Numéro d'édition :

S'il s'agit d'une réédition ou d'une réimpression, il est d'usage d'indiquer le numéro d'édition (par exemple, "Première édition", "Deuxième édition").

Prix de vente :

Le prix de vente du livre est généralement indiqué sur la quatrième de couverture, mais ce n'est pas une obligation légale, sauf pour les livres soumis à la réglementation du prix unique en France, c'est à dire la loi Lang.

Mentions spécifiques pour certains types d'ouvrages :

Ouvrages pour enfants : Une mention spéciale peut être nécessaire si le contenu est destiné à un jeune public.

Livres traduits : Le nom du traducteur doit également apparaître, souvent sur la page de titre ou la page de copyright.

Mentions légales sur la diffusion numérique :

Pour les livres numériques, en plus des mentions ci-dessus, il est important d'inclure des informations sur les conditions d'utilisation des fichiers numériques (DRM, licence d'utilisation, etc.).

Ces mentions sont essentielles pour se conformer à la réglementation française en matière de publication de livres. Elles doivent être intégrées dès la phase de conception de

l'ouvrage pour éviter tout problème légal ou administratif
ultérieur.

Problème pour charger un livre ou lettre à jour la page du livre

Chargement

Parfois, lorsque l'on veut charger un nouveau livre ou même simplement mettre à jour la page du livre, on reçoit un message du type « le service ou la fonctionnalité que vous tentez d'utiliser n'est actuellement pas disponible. Nous nous efforçons de résoudre ce problème aussi rapidement que possible ».

Solution

Pour résoudre ce problème, deux solutions sont à essayer :

- changer de navigateur permet parfois de résoudre le problème. Essayez avec Chrome ou Firefox ou tout autre navigateur que vous avez installé sur votre ordinateur,
- vider le cache de votre navigateur est aussi une solution qui peut donner le résultat escompté.

Si ces deux solutions ne fonctionnent pas, le mieux est sans doute de contacter KDP en leur décrivant les conditions dans lesquelles vous essayez de faire une mise à jour et en leur donnant le message d'erreur.

Difficultés d'accès

Une mise à jour via une tablette ou un smartphone peut aussi créer des difficultés.

Solution

Essayez avec un PC portable.

Récupérer son fichier

Parfois, il arrive que l'on perde l'original de son fichier. Vous êtes désespéré car vous n'avez pas envie de retaper l'intégralité de votre livre. L'idéal est de faire des sauvegardes, mais quand cela arrive il est trop tard.

Ne vous arrachez pas les cheveux, il y a une solution.

Solution

- Allez à la deuxième page des métadonnées (celle où l'on met à jour le contenu de son livre) de son livre papier.
- Allez dans prévisualisation.
- En haut à droite, cliquez sur « Téléchargez une épreuve au format pdf ». Vous obtenez ainsi une copie de votre livre sur votre ordinateur. Il vous reste alors à convertir ce fichier en une forme exploitable par votre traitement de texte.

Message reçu de KDP

Lors de la publication d'un livre ou d'une mise à jour, il arrive que KDP vous envoie un message. Lisez toujours attentivement ces messages et si une réponse est attendue, répondez-y.

Messages peu clairs

Ceux -ci ne sont pas toujours clairs et parfois sont vraiment sibyllins comme « Risque de donner une mauvaise expérience client ». Certains messages sont envoyés par l'IA et sont tellement génériques qu'ils en deviennent incompréhensibles.

Ce n'est pas parce que le message n'est pas clair qu'il faut le prendre à la légère.

Solution

Répondez à KDP en indiquant que vous n'avez pas compris et demandez plus d'explications. Dans tous les cas restez polis et calmes afin d'obtenir la collaboration des employés de KDP.

Surtout répondez toujours aux messages reçus et ne créez pas une nouvelle demande par le « Contactez-nous ». Il est important que votre interlocuteur (pas toujours le même) voit tout le fil de la discussion.

Menace de suspension

Surtout ne prenez pas ces menaces à la légère car elles sont souvent assorties d'un délai assez court.

Solution

Répondez en faisant état de votre volonté de répondre aux règles de KDP. N'hésitez pas à expliquer que la règle que vous avez enfreinte ne vous était pas connue et que vous allez faire la correction nécessaire.

Message de fermeture du compte

Si vous recevez ce type de message, réagissez au plus vite. Tentez d'amadouer votre interlocuteur. Sans vouloir vous décourager, il est rare que KDP revienne sur sa décision, mais cela arrive.

Ne croyez pas que vous pourrez créer un nouveau compte par la suite.

Les principales raisons de fermeture de compte sont :

- création de deux comptes. Indiquez que cela a été fait par erreur et demandez la fusion des deux comptes,
- publication de livres ne respectant pas les règles de contenu de KDP. Dites que vous êtes prêt à supprimer les livres ou à les modifier pour qu'ils respectent les règles,
- publication de livres dont vous ne possédez pas les droits. Attention aux livres que vous avez écrits et publiés par un éditeur. Vous ne pouvez pas le publier vous même sur KDP qui va l'interpréter comme du plagiat,

- bourrage de mots clés dans le sous-titre,
- nom d'auteur non humain. N'utilisez pas de marque éditoriale, mais plutôt un prénom et un nom,
- lien vers des sites dans votre description.

Créer un lien vers sa page de vente

Ce n'est pas vraiment un problème lié à KDP, mais j'ai remarqué que beaucoup d'auteurs ont parfois du mal à créer un lien vers leur page de vente d'Amazon. C'est souvent utile soit pour inclure ce lien dans Facebook ou un mail ou même pour indiquer le lien sur une page internet.

Solutions

Le plus simple est de copier le lien de votre page internet dans la barre de votre navigateur et de la coller à l'endroit où vous souhaitez la faire apparaître. L'inconvénient est que cette adresse est longue et rébarbative et n'incite pas à cliquer dessus.

L'autre solution plus élégante est de taper l'adresse en direct : https://www.amazon.fr/dp/ASIN où vous remplacez ASIN par le numéro d'ASIN de votre livre.

Voici l'adresse d'un de mes livres HTTPS://www.Amazon.fr/dp/B0DKG4JH1J

Vous trouver l'ASIN dans les détails du livre en descendant dans la page de vente sur Amazon. L'ASIN est aussi disponible dans la bibliothèque de KDP.

Si vous voulez faire un lien vers une autre plateforme que la France, vous remplacez .fr par le final du pays en question.

Livre arrivé abîmé ou avec défaut

Parfois, un client qui a acheté votre livre, vous contacte avec une adresse laissée dans le livre pour se plaindre d'un livre arrivé en mauvais état ou même d'une impression défectueuse.

Solution

C'est toujours ennuyeux d'avoir une plainte d'un client mécontent. Cependant les problèmes d'expédition et d'impression ne sont pas de votre ressort.

Il faut donc répondre à votre interlocuteur que le vendeur est Amazon et qu'il doit demander le remboursement à celui-ci.

Que se passe-t-il après la mort de l'auteur ?

Après le décès de l'auteur, les redevances vont à ses héritiers.

Il faut créer un compte pour la personne qui va gérer les redevances.

Ensuite, KDP demande d'avoir les documents suivants :

- un certificat de décès
- une copie d'un des documents suivants délivrés par un tribunal, indiquant que vous détenez les droits nécessaires pour ce compte :

  •Titulaire du patrimoine
  •Exécuteur testamentaire
  •Proches parents
  •Testament

La procédure est assez lourde, mais permet d'assurer tout litige par la suite.

Conclusion

J'espère avoir répondu à la grande majorité des problèmes et difficultés auxquels les auteurs sont confrontés durant le processus de publication avec KDP.

En cas de difficulté, il reste encore certains moyens mis à votre disposition.

Tout d'abord, le forum disponible sous l'onglet « Communauté ». Vous y trouverez des auteurs comme vous dont certains ont une réelle expérience. Pensez à bien décrire votre problème (e-book ou broché), message d'erreur … Cela facilite le diagnostic et vous recevrez une aide d'autant plus précise.

Le second canal est l'aide mise en ligne par KDP. Elle est très complète, parfois presque trop.

En dernier lieu, n'hésitez pas à utiliser le « Contactez nous » de KDP. Mentionnez toujours votre ASIN et décrivez le problème avec le plus de précision. Surtout restez poli et en cas de communication répétée, restez toujours dans le fil de discussion.

Il me reste à vous souhaitez de bonnes publications et d'excellentes ventes.

Notes personnelles

Notes personnelles

Notes personnelles

Autres livres de Patrick Degand

Maîtriser Amazon Advertising : Comment booster la vente de ses livres

Publier sur Amazon

Trouver les bons mots-clés pour la publicité de vos livres

L'Intelligence Artificielle au service des Auteurs

Réussir le Marketing de son Livre

Le plus grand soin a été accordé à la réalisation de ce livre. Si vous constatez des erreurs, des fautes ou des imperfections, n'hésitez pas à faire part de vos suggestions et commentaires à l'auteur qui en tiendra compte pour améliorer les futures éditions. Merci de les adresser à apilou20@gmail.com

ISBN 9798316379682